수레바퀴 속 행복

수레바퀴 속 행복

박정란 세 번째 시집

헌시_어디 있을까

물 위에 비친
님의 모습 아롱이고

날 낳으시던 날
산천초목도 함께 울었지요

님이 떠나시던 날
삼천 마디도 따라 울었지요

그 눈물은
강이 되고 바다가 되어

하늘에 스며든
그리움의 울부짖음은
부메랑 되어
제 가슴을 파고듭니다

잊히지 않는 님의 모습
오늘도
허공에 손을 흔들어 봅니다

보고 싶은 나의 모태
윤예분 여사

이 詩를 나의 어머니에게 바칩니다

2025. 어느 가을날
시인 禮潭 박정란

차 례

헌시_**어디 있을까**/ 4
제1부 **혼자 쓰는 편지**/ 11

애인보다 더 가까운 사이/ 13
너의 운명/ 14
소식/ 16
취객/ 18
구름에 걸린 소리/ 20
수레바퀴 속 행복/ 22
보석/ 23
소리/ 24
먼 훗날/ 25
별빛 계절/ 26
운명은 말 달리고/ 27
생각 속에서/ 28
삶/ 30
혼자 쓰는 편지/ 32
젊음이여/ 34
행복/ 36

제2부 **멈춰버린 시간**/ 37

그대/ 39
마음/ 40
그리움/ 42
잠 못 이루는 밤/ 44
밤을 더듬는 잠/ 46
흐르는 시간은 멈추지 않는다/ 48
틈 속에 낀 빛/ 50
멈춰버린 시간/ 52
꿈/ 54
생각/ 56
둘레 길에 서서/ 58
물 위에 뜬 보석/ 60
모래밭/ 62
난, 부모 잃은 고아/ 64
어둠 속에 물든 기억/ 66
경포대/ 67

제3부 **인생의 무게**/ 69

누군가 나에게/ 71
그대의 소리/ 72
속삭임/ 73
추억/ 76
인생의 무게/ 78
아직은 아냐/ 80
떠난 계절/ 81
술래놀이/ 82
천안의 아침/ 84
안동 가는 길/ 86
누구일까/ 88
밝지 않은 날의 기록/ 90
이젠 말할 수 있다/ 92
헤어짐/ 94
어디/ 96
틈으로/ 97
기다림/ 98

제4부 갈 수 없는 그곳은/ 101

인생/ 103
평택에서/ 104
돌계단 위에 남자/ 106
마음의 무게/ 108
돌이켜 본 날들/ 110
새로운 날/ 112
내일/ 114
선택의 몫/ 115
그럼에도 난/ 116
단꿈/ 118
갈 수 없는 그곳은/ 119
난파선/ 120
등잔 밑 그림자 하나/ 121
안개꽃/ 122
노예의 하루/ 124

제5부 **하늘 꽃**/ 125

청춘의 태양/ 127
구멍 난 하늘/ 128
길 위에 서서/ 130
비행/ 131
빈 둥지/ 132
떠나는 마음/ 134
한 생애의 끝을 바라보며/ 136
하늘에 걸린 울음소리/ 138
하늘 꽃/ 140
약속/ 142
차이/ 146
백일/ 148
그림자와 나/ 148

에필로그/ 150

제1부 혼자 쓰는 편지

애인보다 더 가까운 사이
너의 운명
소식
취객
구름에 걸린 소리
수레바퀴 속 행복
보석
소리
먼 훗날
별빛 계절
운명은 말 달리고
생각 속에서
삶
혼자 쓰는 편지
젊음이여
행복

애인보다 더 가까운 사이

하루만 더 놀다 가라 해도
내일을 핑계로 돌아서는 너

어제를 종이배에 실어
강물에 띄워 보내고

숫자처럼 다가오는 내일을
산등성이 위에서 내려다본다

왠지 모르게 정이 가는 건
한 달에 한 번
열두 번이나 눈앞에
나타나서일까

오늘은 달아나지 못하게
꼭 붙잡아 두어야겠다
열두 장 속 너의 이름표를…

너의 운명

햇볕에 홀라당
속알머리 훤히 벗겨진 양배추
시방 아낙네들 입방아에
뽑혀 갈 날만 기다리는

마당 가득 풍성한 먹거리
자랑이라도 하듯이
당당하게 서 있네 그려

피부가 검게 그을려
슬쩍 밀기만 혀도
와르르 무너질 것 같은
길게 쌓인 몸뚱이 서로 의지하고
구멍 숭숭 뚫린 자국 선명한
먹곰보 현무암 돌담 안을
몰래 훔쳐보니

바닷바람 타고 살랑이는
양배추 군이랑 양배추 양이
까르르 웃는 소리로
마당을 가득 채우고 있지 뭐여

소식

따가운 봄볕 머금고
황소가 하품을 내뿜는다

그 소리 메아리 되어 되돌아올 즈음
네 개의 위장도
절거덕절거덕 잘도 돌아간다

고삐 풀린 송아지
망아지처럼
황토밭 고랑에 뛰놀고

고목 나무 그늘
대나무 목침 베고 누운
광목 바짓가랑이 걷어 올린 농부

풍년을 꿈꾸며 봄이 한가득 차오른
앞산 봉우리 닮은 입꼬리
하늘을 바라본다

*2024년 제주도 여행 중에서…

취객

탈 속의 웃음 무슨 의미일까
아무도 모르는
혼자만의 즐거움

장단 맞춰 휘두르는
어깨에 매달린 손*
꾸부정한 몸놀림에 취함인가

높고 낮은 산**
단숨에 오르내리는
죽 끓듯 어설픈 인생살이
탈속에 감춘 채

이리저리 눈동자 옮겨 보아도

눈에 들여놓을 세상

하나도 없구나.

        2023.12.12. 국회의원회관에서 열린 '느낌까지
                   끌어안은 시화전' 대상작임.

詩作노트/ 우리는 살아가면서 모두가 가면을 쓰고 삽니다.
*'어깨에 매달린 손': 힘겨운 세상살이를 의미합니다.
**높고 낮은 산: 2023년 제 주변의 일들을 의미하는데, 9년간 남편의 병마를 지켜보다 먼저 하늘 여행 보내야 했던 일, 그해 친정 오빠마저 하늘로 편히 보내드려야 했던 일, 슬프고 아픈 마음을 간직한 채 아들 내외와 함께 살며 손자 셋을 돌보는 일들은 결코 쉬운 일이 아니었습니다. 살아야 좋은가, 모든 걸 다 버리고 나도 함께 떠나야 하는 것인가? 진지하게 고민했던 것들을 시로 표현한 것입니다.

구름에 걸린 소리

바람이 분다

단청 밑에 걸린
흐느끼는 처마 밑 풍경소리
애처로운 몸부림
절 마당 휘돌아 나갈 때

구름 사이로
빼꼼히 내민
파란 하늘이 웃고 있다

찰그랑찰그랑
은은히 울려 퍼질 때면
지나가는 나그네
쉬어가라 부른다

찰그랑찰그랑
오늘도 내일도

수레바퀴 속 행복

햇살을 끌고 들어온
머그잔 속 향기에 취해
창가에 앉은 품속 깃든 따스함

눈에 넣어 둔 그대 모습
찻잔 속에 빠트리면
냉기 어린 가슴속도
살며시 녹아내리겠지

미소 지은 세월 속
주머니 한가득
행복만 골라
담아 놓고 싶은데

지금은
달아나는 세월이
왜 아깝기만 할까

보석

서랍 속에
넣어 두었던
이런저런 잡다한 일들

복잡하게 얽매인 하루가
문을 박차고 나가면
그 뒤를 조심스레
따라나선다

넓고도 좁은 세상
한 바퀴 몸을 감싸안고
되돌아온 길 위에
발자국을
다시 포개본다

소리

골짜기 바람은
지친 뺨을 스치고

따스한 온기
고단한 몸 감쌀 때

여리디여린 풀포기 하나
애달픈 마음 어이 달래줄까

어허야 어허야
세속에 이는 바람
무엇으로
막을 수 있으랴

먼 훗날

길섶 스치는
한 줌 바람에도
고요히 머무는 나의 숨결

세월에 씻긴
늙은 몸 하나
주름진 자리마다
맑은 빛이 스며들고

밤하늘의
조각별이 되어
영원히 빛나고 싶어진다

별빛 계절

어둠에 물든 밤
빛조차 사그라질 즈음
방황하던 단잠이 일어난다

고요는
외로운 눈망울 적시고
촌로의 잔기침 속에
숨겨진 한숨 하나
별빛도 조용히 내려앉는다

운명은 말 달리고

퍼붓는 질척이는 빗길
누군가 앞서간 자취를
말없이 따라간다
끝은 어디쯤일까

보이지 않는
저만치 달아난 명마

발부리에 채이는 별
셀 수 없이
쏟아져 내리고

되돌릴 수 있다면
오늘 밤엔
운명의 고비를
꼭 잡아 두어야겠다

생각 속에서

어떤 땐
내가 누구인지 모르겠고

어떤 땐
왜 살아야 하는지
모르겠다

어떤 땐
내 삶의 무게가
왜 이리도 힘겨운지

어떤 땐
내 손으로 걷어야 할 애들이
눈앞에 조롱조롱 매달려 있는 이유를
한 번쯤 묻고 싶다

때론
어디로 발길을 돌려야
지름길인지조차 모르겠고

아무것도 모르고 살아가는
바보 같은 인생을
한 번쯤 살아보고
싶어지는 건
왜일까

삶

바람처럼
바람 되어
구름처럼
구름 되어
물처럼
물이 되어

흘려보낼 날들이
아직 남아 있음에

누군가
보고 싶고
누군가가
날 보고 싶어 한다면

그건
싫지 않은 인생이겠지

뛰다가
걷다가
넘어지면 눕고
누군가
손 내밀어 일으켜 주면

고마움이 익어가는
싫지 않은 삶이여라

혼자 쓰는 편지

잠시 눈을 감아본다

나도 모르게
깊은 잠 속에
빠져든다

나도 모르게
허우적, 또 허우적대다
눈을 떴다

온 세상은
아직도 검둥이 세상

나도 모르게 떴던 눈
다시
감아 본다

그러나
떠버린 눈꺼풀
쉽사리 감기지 않고
오만가지 생각에
잠은 달아나 버린다

아무리 생각해도
꿈꾸던 세상은
돌아오지 않고

오늘 밤은
나에게 어설픈 얘기 꺼내어
몇 자 끄적여
편지 한 통
써서 보내야겠다

젊음이여

잔잔한 바람이 분다

바람에 간드러진
너의 허리춤 움켜쥔
작은 손이 파르르 떤다

너 혼자만의 힘으로
높이 올라갈 순 없지만

뿌리로부터
용솟음 돋는 너를
바라볼 때
나의 삶도 너를 닮았으면

그래서

널

좋아하게

되었나 보다

행복

숨조차 쉴 수 없이
달려온 세월

바람 앞에 흔들리는
촛불 하나

등잔 밑
그림자 하나
살포시 낚아채
재워두고 싶다

제2부 멈춰버린 시간

그대
마음
그리움
잠 못 이루는 밤
밤을 더듬는 잠
흐르는 시간은 멈추지 않는다
틈 속에 낀 빛
멈춰버린 시간
꿈
생각
둘레 길에 서서
물 위에 뜬 보석
모래밭
난, 부모 잃은 고아
어둠 속에 물든 기억
경포대

그대

천둥 번개
호통치듯 내리치고

심장이 멎을 듯
놀란 가슴

창가에 흐르는 물방울은
빗물인가
눈물인가

싸늘히 식어버린
씁쓸한 커피잔에
빠져든 그대 얼굴
한 모금 마셔본다

마음

꽃잎 같은 세월
흩어진 젊음의 꽃을
다시 피울 수 있다면

누군가의 가슴에 묻혀
조용히
다독임을 받고 싶다

꽃잎은

도망친 세월만큼

되돌아가

말없이 피고 싶은데

그건

마음뿐이다

그리움

뜬구름 위에
그려놓은 희망의 조각들

바람이 분다
흩어지는 인생의 퍼즐은
소리 없이 멀어지고

썩은 동아줄에 묶인
흘러가는 세월

거울 속엔
잃어버린
애달픈 젊음이 비친다

낯선 얼굴
세월 속에
묻을 수밖에…

잠 못 이루는 밤

밤새워 무엇이 서러워
울고 또 우는지

울다 지친
선녀의 눈물은
폭포가 되어
땅 위에 조용히
내려앉는다

수평선 너머로
선녀의 눈물 사라질 즈음

오늘 밤
하늘의 별과 달은
슬픔에 젖어
잠 못 드는 님
살며시 다독여
재워주겠지

밤을 더듬는 잠

오후 세 시
무쇠솥 막 빠져나온
숭늉처럼 구수한 온기

꽃무늬 머그잔
작은 수저 하나가
힐끔
나를 바라본다

쓴 유혹의 절반은
내 몫이라

오늘 밤
멀리 달아난 잠
잡히지 않고

동녘은 훤히 밝아오고
이불 위에 뒹굴던 달빛만
나와 함께
긴 밤을 더듬는다

흐르는 시간은 멈추지 않는다

밤새 퍼붓던
흑백 사진 같은 기억

터널 끝에
서성이는 삶의 그림자

밤이 지나고
세상은
서서히 칼라로 물들고

소망 앞에
피워 보고 싶은 마음

황혼의 종소리
울려 퍼질 때

인생의 그루터기 위 주저앉은
눈 속에 묻힌 복수초

하늘 아래
가장 높이 나는 새가
되고 싶다

틈 속에 낀 빛

터널 속 빛은
나의 동공을 지나
스크린에 닿는다

그 빛은
빠르게 빠져나가
다시 안구 밖에서
돌아오지 않는다

지나간 빛에 연연함은
또 다른 빛을
맞이할 여유조차 없다

뒤돌아보지 말자

흘러간 시간에 얽매이면

눈앞의 화려함도

놓쳐버리게 되니...

멈춰버린 시간

벽에 걸린 사진 한 장
햇살에 비친 액자 속
가슴에 29번이
환하게 웃고 있다

구피들의 놀이 공간 대청소
그만 어항의 유리를 깨고
피로 얼룩진
누덕누덕 반창고 덧댄
마이크 쥔 손이 그대로 멈춰있다

사진 속 젊음은
고장 난 시계처럼 멈춘 지
꽤나 오래되었고

창가에 걸터앉은
거울에 비친
서글픈 웃음 속
눈가 주름

머리 위엔
파 뿌리인지 하얀 실인지
줄처럼 드리우고
그러고 보니
숨차게 달려온 길
참 멀리도 온 것 같다

꿈

구름 사이로
몰래 훔쳐보는 너

어둠에 갇힌 내 마음
달무리 헤집고 내려와

어젯밤
강보에 싸인 채
못다 이룬 외로움은
내 마음 깊이
파고들겠지

오늘은

내가 먼저

너의 마음을

훔쳐오겠노라

밤하늘에 뜬 달이여

생각

텅 빈 시간 속으로
조용히 들어가 본다

밤을 잊은
도시의 거리

애써 불러본 잠은
멀리 달아나고

지축 흔드는
오토바이 굉음
좁은 귓속 파고들 때

어둠 속
밤새 펼쳐졌던
난민촌 같은 텐트는
온데간데없고

햇빛이
헤엄치듯 넘실거리는
백사장 위

임자 잃은
발자국들만
어지러운 듯
쓸쓸히 누워있다

둘레길에 서서

붉게 물든 저녁놀
코끝에 맴도는 짭조름한 바다 내음

썰물에 실려 간
검은 갯벌 위에 임자 없는 그림자
누가 두고 갔을까

수평선 그 너머
포말 호위 받는 어선

그물에 실려 온
해변 적시는 밀물에

간드러진 공깃돌 웃음소리
섬을 한 바퀴 휘돌아 나온다

노을빛 닮은 세 분의 부처님 얼굴
중생들의 삶을 바라보는
온화한 미소가 여기 있다

하늘 맞닿은
물안개 손잡은 둘레길
타닥타닥 발장단 맞추는 노랫소리
행여 내 님인가, 발걸음 늦추고 뒤돌아보니

아무도 없는 쓸쓸한 구름만이
물 위에 떠 있는 길을 걷는다

오늘도 내일도
해가 뜨고 해가 지고
밀물과 썰물에 넘나드는 파도
두 번의 몸부림은 하루가 떠나고

오늘이 지면
내일이 또 지고
기다리는 모레가 있다

날개 접은 솔개
붉게 물든 둘레길에 서서
하나개 해수욕장 앞바다를 바라본다

물 위에 뜬 보석

코끝에 머문
알싸한 바다 냄새

양 볼에 끈적임은
한여름 모기를 초대할 뿐

핏빛 노을 그림자 드리운 썰물
수평선 노을에 걸터앉은
작은 배는 밀물을 끌며
내가 서 있는 둘레길
데크에 멈춰 선다

데크 위
누가 버리고 갔을까
주인을 기다리는
그림자 하나

밀물은 공깃돌 간질이고
까르르 웃는 소리 귓가에 머문다

성난 파도로 변한
잠에서 깨어난 용왕님
호통소리

하늘빛마저 사라진 바다
길 잃은 북두칠성
별빛이 빠져든 물 위에
보석처럼 떠 있다

한 바구니 떠다가
용궁 속 용왕님
목걸이나 만들어
드려야겠다

모래밭

어디로 갔을까
파도에 묻힌
여름 바닷가의 추억

밤새 울부짖다
잠이 든
멍든 파도

하얀 물거품 위로
햇살이 뿌려진
숨 쉬는 이른 아침

집 한 채
하품과 멀미 데리고
모래밭에 이사 왔다

잠자던 이삿짐 가방
숨통 트이는 소리
모래사장이 시끄럽다

난, 부모 잃은 고아

강산은 네 번 반이나 바뀌고
어두운 땅속 벗어난 날
흙과 함께한 세월 조용히 청산되었다

무덤가에 심어둔
개나리와 진달래 뿌리는
나무토막처럼
부모님의 몸을 꽁꽁 묶고 있었다

긴 세월 말해 주듯
종이처럼 가벼워진 팔다리뼈와
악수 나누고
흙과 잔뿌리에 덮인
아버지 어머니의 얼굴을
눈물로 더듬어
조용히 씻겨 드렸다

승화장 화구 안에서
부모님 뼈는
단 삼십 분 만에
한 줌의 재가 되어
자식들의 가슴속으로
'포옥' 안겼다

대관령 정상으로
떠나던 그날
우리는
아버지 어머니의 손을 놓아 드렸다

어둠 속에 물든 기억

머리 위로
달빛 한 자락이
살며시 내려앉는다

고단한 숨결 사이로
묵은 기억이
느릿하게 꿈틀댄다

말없이 흐른 시간들
빛바랜 사진처럼
조용히
나를 끌어 안아준다

경포대

푸르스름한 바닷바람
온몸을 더듬고
옷 속 깊숙이 스며든다

백사장 연인들
그림자 위에 그림자 포갤 즈음
밟히고 밟힌 모래알

관심 없는 저 밖의 인연들

파도는 방파제에 부딪쳐
멍만 가득한데
파스조차 붙여 주는 이 없다

모래밭에 묻힌 그네 한 쌍
발판에 앉은 연인들
쇠사슬에 묶인 채
먼바다에 발을 담근다

제3부 **인생의 무게**

누군가 나에게
그대의 소리
속삭임
추억
인생의 무게
아직은 아냐
떠난 계절
술래놀이
천안의 아침
안동 가는 길
누구일까
밝지 않은 날의 기록
이젠 말할 수 있다
헤어짐
어디
틈으로
기다림

누군가 나에게

모두가 잠든 밤
그대 향한 마음은
바람에 흔들리는 그네에 앉아
가만히 허공에 그림을 그린다

작고 아담한 정원이 달린 집
연못가
붉은 장미꽃 사이로
달빛이 살며시 스며들고

그대와 둘이서
별빛 내리는 잔디 위에 누워
그대 가슴에 안긴 채
속삭이듯 숨결을 나누며
행복한 꿈을 그려본다

그대의 소리

시들어 가는 영혼 깨우는
지축 흔드는
발굽 소리

지구의 모든 생명은
그대가 잠들면
영혼마저도
잠 속으로 빠져든다

그대의 알몸 위
수틀처럼 새겨진
흰색과 검은색의 무늬

어느 보석보다도 귀한
얼룩 등 위에 앉아
바람에 흩날리는 갈기 부여잡고
넓은 광야
한번쯤 달려 보고
싶어진다

속삭임

작은 숨소리조차도
느껴지지 않는 밤

귓속 파고드는
누군가의 발소리

누구일까
누구기에
이렇게 멀리까지
배웅해 주는 것인지

기다림 속에
하루가 저물고

별빛이 비춰 줄까
달빛이 안아 줄까

설마
날 두고 떠난 님처럼
훌쩍
사라져 버리진 않겠지

하지만
돌아보니 아무도 없고

속삭이듯
따라오는 것은
나의 발자국뿐

추억

밤이 찾아오면
나의 품속으로
별이 숨어들고
새벽녘이 되어서야
희뿌연 안갯속으로
밀려 떠난다

다시 찾아온
어둠 속 귀퉁이에 선
작은 불빛
애처로이 손짓하는
그대 긴 겨울밤은
구멍 난 나의 가슴을
헤집고 들어오겠지

퍼붓는 소낙비처럼
무엇으로도 덮을 수 없는
지나가 버린 젊은 날

각진 모서리 끝에
옷자락이 걸려
떨어질 수 없었던 삶

뒤돌아보면
그 모든 순간도
추억으로 남겠지

인생의 무게

흔들린 세월 속에
함께 걸어온 길
돌아보니
너의 모습 변함없고

비바람 속
흙을 밟고 선
새색시 같은 너

이만하면
아직은 쓸만한데

갈 길은 멀지만
너와 나
한 길을 걷는 사이라면
투덜대지 말고
조금만 더 따라오려무나

귀여운 동반자
내 발아

아직은 아냐

즐비하게 늘어선
간판들의 이름 많기도 하다
누가 지어 주었을까

사거리에 걸린
웃고 있는
국회의원 현수막

아직은 아닌데
벌써 웃고 있네

난 아직
투표도 못했는데

떠난 계절

벌 나비
꽃 속에 묻힌 세상

긴 하루 속에
고이 접은 날개 잠재우고

한 잎 두 잎 떨어질 때
꽃 진다고 서러워 마라

언젠가는 너도 나처럼
떠나야 할 시간이 있으려니

활짝 핀 세상 머물 때
가슴 가득 행복이나 채우려무나

술래놀이

몽글몽글 머리끝에 맺힌
철통 속 스며드는
무지개 물방울

휙휙 도망치는
차창 밖 풍경
눈 깜짝할 사이
초가집이 기와집 되고
논은 밭으로 바뀌고

산과 들은
서로 부둥켜안고
모두 떠나간다

KTX 지네 발 철통은

남으로

남으로

달리고

또 달려간다

천안의 아침

함박눈 내린 고속도로
어둠을 밀어낸 전광판의 분주함 속
여명(黎明)은
웅장하게 열린다

차라리 꿈속을 헤매던 밤이
그립기도 하다

눈 속에 갇힌 터널 앞
생명의 불빛 따라
도로 위를 질주하는
시위 떠난 화살촉처럼
자동차들은
속절없이 멀어져 간다

어젯밤
저 길 위로 떠난
아들의 차
시야를 벗어나며
또 다른 시간 속으로
멀어져 갔다
그리고
그 빈자리에
우리가 서 있다

안동 가는 길

눈발은 굵고 갈 길은 먼데
마음은 괜스레 심란하다

고속도로 위
내리는 눈처럼 차들도 넘쳐나고

거북이처럼 기어가는 버스
두 팔 벌린 백미러
훠이훠이 길을 재촉한다

앞서가는 차는 꿈쩍도 않고
먼 길 떠나는 길목에서
고립만 피하고 싶은 마음뿐
다행히 눈은 액체가 되어
녹아내리고

버스는 숨통 트이는 바람을 가르며
무서우리만큼 질주한다

창밖의 펼쳐진 설경
크리스마스트리 같은
백색의 환상

눈 속에 갇힌 산속 별장
작게만 보이는 집
난쟁이 집인가

눈 쌓인 숲속
고요와 함께 며칠이라도
살고 싶어진다

누구일까

사그락사그락
싸리 빗자루 쓰는 소리

어머님 오셨나
살며시 방문 열어보니
빙글빙글 꼬리 춤추는
신난 누렁이

사그락사그락
누가 오셨을까

댓돌 위
벗어 놓은
아버님 구두 안에
하얗게 쌓이는 조용한
알갱이

사그락사그락, 무슨 소리일까
귀 기울이니
머리 위에 하얀 꽃다발
한가득 드리우고

사그락사그락, 누구의 말소리일까
우산 위
선녀가 내려준
하얀 솜사탕들의 웃음소리

아, 모두 모두
싸락눈의 소리였구나

*2024. 11. 28. 10년간의 이야기 할머니 활동을 마치며, 안동 졸업식 다녀오는 길에⋯

밝지 않은 날의 기록

눈 내리는 새벽길
가쁜 숨소리와 함께
인생의 무게가
뚜벅뚜벅 걸어간다

하얀 눈 속에 갇힌 아침
밤새워 품속에 품었던
작은 보석들
밝음과 함께
철문 밖으로 몰려 나간다

식탁 위
말라버린 밥알
밥그릇과 수저
싱크대 물속에 잠기고

손금 위에 놓인
예닐곱 개의 무지개 알약
하루의 삶을 위해
물과 함께 목구멍으로
넘어 들 때
어두운 골목길 잘도
찾아 내려간다

반나절 지나도록
빛 하나 없는 오늘
하늘에 떠있는
흐릿한 기억 몇 조각 속에
커피 향에 묻힌 얼굴들
잔 속에 하나하나 담아
유리창에 걸어 본다

이젠 말할 수 있다

지나간 세월만큼
오랜만에 만난 친구

목까지 채워진 보리병
뚜껑 따는 경쾌한 굉음
화려한 불빛 아래
시끄러움 동승한 채
건너편에서 추파가 날아든다

유리잔 부딪치는 수다
하늘을 찌르고
넘치는 거품
입안 가득 저장 시킬 때
묵혔던 흥 돋우듯
부드럽게 목을 타고 흐른다

달은 지고
해는 동쪽 하늘에 미소 지을 때
뉘었던 육신 일으켜 본다

아!
눈꺼풀은 거침없이
땅을 향해 눕고
속은 거품을 되씹으며 반항한다

헤어짐

반세기
함께 했던 맷돌 하나
도둑맞았다

시원함 맛본 순간 시끄러웠던 속
실 한 자락이 나풀대며
얼굴 위를 스친다

발가락 세 개 달린 깊은 뿌리
금방이라도 문을 박차고
뛰쳐나가려 달그락달그락
쟁반 위를 걷는다

너를 보내기엔
아직은 이르지만
어찌 배웅해야 할지

이제
뻥 뚫린 커다란 피멍 든 구멍 하나
뒤돌아보고 또 돌아보는
아쉬움만 남겨 놓고
영영 떠나는 널 잊지 않으리

사랑했던 나의 어금니
그동안 고생 많았다

어디

시작점과
끝점이 뚜렷한
마라톤 테이프 끊는 날

겹겹이 쌓인
넓게 펼쳐진 평화로운 하늘
그 위를 걷는 인생

살다 보니
다시
제자리
아무것도
아님을
알게 되었으니…

틈으로

언제나 분주한 터미널
님의 뒷모습 바라보다
먼저 자리를 뜬다

남겨짐은
쓸쓸함을 동반하고
어디라도 따라가고픈 마음
버스 뒤에 매달려 함께 떠난다

배웅의 속삭임은
책임지지 못할 감정만 남긴 채
슬며시 터미널을 빠져나간다

떠나는 사람
남겨진 사람 틈으로

기다림

어제
그리고 내일

흐르는
세월의 소리가
들리는 오늘이
조용히 멀어져 간다

친구야
네가 떠난 뒤
어제가 오늘 같은
너의 빈자리는 언제나
설레는 마음만 가득한데

금쪽같은 시간은
기다려 주지 않고
꿈같던 세월
나는 대체
무얼 하고 있었는지

어제와도 이별하고
오늘과도 이별하고
또 다른 내일과도
결국,
이별하겠지.

왠지
오늘은
마침표를 찍고 싶다

제4부 갈 수 없는 그곳은

인생
평택에서
돌계단 위에 남자
마음의 무게
돌이켜 본 날들
새로운 날
내일
선택의 몫
그럼에도 난
단꿈
갈 수 없는 그곳은
난파선
등잔 밑 그림자 하나
안개꽃
노예의 하루

인생

텃밭에 씨 뿌려 세월 묻고
푸른 세상 한 움큼 다듬어 놓고 보니
허전한 마음 그지없어라

흐르는 흰 구름에 내 마음 수놓고
황금빛 물든 들녘
수저조차 거부하는 떨어지는 나락

숨소리마저 낮춘
긴 여행 떠날 채비 바쁜 인생이라

평택에서

젊음을 한껏 누릴
저 남자의 앞에 놓인
누런 박스

누가 두고 간 것인지
누가 흘린 것인지

천 원짜리 지폐
따가운 햇살에
타들어 가고
퇴계 이황의 얼굴
행인들의 주머니를 바라본다

젊은이 앞에 놓인
누런 박스
그 앞을 지나가는
덥수룩한 수염에 백인 남자

이황을 힐긋 바라본다

뙤약볕 아래 따가운 눈총
한 몸으로 받으며
저녁놀처럼 붉게 타오르는
검붉은 피부

무슨 사연이 있기에
저 남자는…

돌계단 위에 남자

가지런히 벗어 놓은 신발
양말조차 없이
잘린 열 개의 발가락
뭉툭한 발이
차가운 바닥을 맨살로 견디고 있다

목구멍이 포도청이라 했던가
불안전한 몸 하나가
지나는 이의 마음을
조용히 흔들어
지갑을 열게 한다

영하의 바람 속
낯선 구걸의 몸짓
귀공자 같은 얼굴은 파랗게 질려
그저 고개만 끄덕일 뿐

"적게 드려서 미안합니다."

지갑 속
유일한 지폐 한 장을
조심스레 내미는 나는
왠지 모르게 손끝이 떨렸다

몇 해가 흐른
지금,
보이지 않아
하늘나라 여행 떠나지 않았을까
생각해 본다

마음의 무게

가슴 깊은 곳에서
꿈틀거리는 소용돌이

왜일까
남보다 더 많이
더 높이 오르고 싶은 욕심

차라리 아무것도 없는
빈털터리가
마음 편할지도

품속에 고이 간직한
보석 같은 잠자리
그저 정리하고 일어나면 그뿐

많은 소유물은
귀찮고 버겁다

우리는
해가 바뀔 때마다
쌓여 가는 삶의 장신구
비우는 연습을 해야 한다

버리자
버려야지
홀가분한 마음으로
하나씩 정리하자

어느 땐
이 몸뚱이마저 버리고
싶을 때도 있다
골골대는 삶에 지쳐서일까

돌이켜 본 날들

수십 년 살다 보니
곳곳에 숨어있는 사리
하나둘씩 빠져나와 탑을 쌓는다

어미의 살점을 베어 먹는
어린 연어들의 삶

푸르름 속에 젊은 날
뜬구름 같은 희망 속에
꿈은 한껏 부풀고

인생의 첫 단추가 잘못 끼워진
운명의 날이
멀리서 웃고 있었음을 몰랐었다

차라리
운명의 별자리라도 보았더라면
인생의 앞날에 후회는
없지 않았을까

새로운 날

살다 보니
날마다 새날이라

어제를 버려야 하는 오늘
받아들여야 할 내일

우린
무엇을 바라는가

많고 많은 숫자 속에
무엇부터 버릴 것인지

1일을 버려야 할지
30일을 버려야 할지

아니다
365일
모두 버리자

또 다른
새로운 날이
우리를 기다리고 있으니…

내일

잔잔한 물을 돌로 조각낸 것은
너만이 아니더라

이미 조각난 물
저 멀리 파도에 휩쓸려 갔다지만
가끔은 생각한다

지워질 수 없는 내 인생의 조각들
파도에게 던져 주려 한다

그러나
내가 친 그물에 갇혀
더 이상 빠져나오지 못하고
달아나려 해도 길이 없어
오늘도 몸부림친다

선택의 몫

고독은 길가에 누워
잡히지 않는 뜬구름 손에 쥔 채
지난날의 그림은
누굴 위함이었을까

왕성했던 혈기
품속에 숨긴
비에 젖은 풀잎 마냥
고개 숙인 인생이라

혼자만이 즐겼던
과거의 오늘
한 몸에 받아든 괴로움과 슬픔
누구의 선택도 아닌
오로지 네 몫이라

그럼에도 난

하루가 또 저만치 달아나려 한다
멍청한 세상
또 다시 삶을 구걸이라도 하라는 것인가

어쩌라고 무엇을 더 내놓으라고
천둥 번개 호통치는 것인가
짓밟고 싶겠지
짓밟고 싶은 게지

가슴 깊이 그어진 누더기 곡선
누가 달래주려나
머리채 잡아 땅에 팽개쳐도
비웃는 건 바보 뭉치뿐

철없던 세월 뒤돌아보니
인생의 궁상 찌꺼기만 남기고

누덕누덕 꿰맨 누더기 자루에
꾹꾹 눌러 담아 걸머지고
산도 가고
바다도 가고
심심하면 하나씩 꺼내
만져도 보고
웃어도 보고
울어도 보고
그래도 풀리지 않으면
깊은 강물에 돌이라도 매어
던져버릴까

차라리
불살라 바람에 날려보낼까

단꿈

서러움 한껏 토해내는
붉게 물든 잎
늘어나는 흰머리처럼
너의 몸도 덧칠되고

비틀어진 삶의 한 귀퉁이에 서서
흐르는 구름만 바라본다

갈 수 없는 그곳은

수평선 쪽빛 노을
석양 속에 빠지고
갈매기 울음소리 잦아든 밤바다

방파제 부딪친 멍든 파도는
어디서 헤매고 있을까

달빛의 긴 목 움켜쥔 채
수평선 위 걸터앉은
금빛 물결에 발 담근 갈매기

동트는 아침
꿈처럼 사라진 친구의 목소리
너울이 되어 멀어져 간다

난파선

모래밭에 비스듬히 배 한 척
팔베개로 길게 눕고

어디로 가야 하는지 아는 걸까

어둠을 밝힌
힘겨운 맞섬은 밝음을 두드리고

헛기침 소리 잦아드니
숨소리마저 낮춘
수저도 거부한다

축복받은 날들은 허공에 띄우고
축 처진 육신의 마디
고향을 생각한다

등잔 밑 그림자 하나

바람이
발목이라도
잡아 주었으면

겹겹이 쌓였던 기억의 솜뭉치
평화로이 손 맞잡고
그네 뛰던 젊음은
구름 위를 걷는데

인생이란 것이
결국은 아무것도 아님을
이제야
비로소 알게 되었으니

안개꽃

하늘에게 물었다
이 세상 무슨 희망을 가졌느냐고
하늘은 그냥 허허 웃는다

또 물었다
고달픈 삶의 끝을
한 번이라도 생각해 보았느냐고
하늘은 또 웃는다

다시 물었다
풀기 있을 때
행복했었느냐고
하늘은 말없이 미소만 지었다

마지막으로 또 물었다
왜 사느냐고

하늘은
소리 내어 껄껄 웃으며
"세상이 좋아서"

노예의 하루

하루가 열린다

모든 것이
손에서 귀에서
폭풍처럼 몰아치고
벼락이 날린다 해도

세상을 나눠 주고도
모자란 듯

작은 통속에 갇혀
웃음도, 대화도
실종된 지 오래

우리는 모두
핸드폰 뚜껑 열기 바쁜
문명의 바보들

제5부 하늘 꽃

청춘의 태양

구멍 난 하늘

길 위에 서서

비행

빈 둥지

떠나는 마음

한 생애의 끝을 바라보며

하늘에 걸린 울음소리

하늘 꽃

약속

차이

백일

그림자와 나

청춘의 태양

그토록 이글거리던 한여름
세상 무서울 것 없었지만,
오솔길 함께 걷던 님
눈먼 독수리 되어
어두운 하늘 여행 떠났다

먼동이 튼 거리는 그대로인데
그 거리 누비던 님
나무에 걸어 놓은
자신의 추억들이
몇 님의 나뭇잎이 되어
바람에 흔들고 있다

구멍 난 하늘

어디서부터
잘못된 것일까
호통치는 천둥 번개

대지는
더위로 열병을 앓고
그 열병은 우리를
위협한다
더위를 몰아낼 수만 있다면

아!
이게 무슨 일인가
하늘의 물뿌리개가
고장 난 것인가

마구 쏟아붓는 비
어찌하면 멈출 수 있을까

물과 더위가 공존하는
이렇게 아름다운 곳인데
때때로
하늘의 뜻은 너무도 가혹하다
우린 그 속에서
울고 웃고 살아야 한다

길 위에 서서

날은 어두워지고
야속하리만큼 떠나버린
매서운 님의 그림자

빛바랜
하얀 동공 속에 잠재운
님의 모습
생각도 춥고
마음도 함께 추워지고

세상 끝자락
벼랑에 서서 손 내밀 때
누가
날 잡아주려나

비행

솔 내음 풍기던 오솔길
이젠 기억조차 희미해
빛바랜 흑백 사진 속에 갇혀
일어날 줄 모른다

노을 속에 잠긴 바다
너울너울 금빛 춤을 추고
수평선 너머
숨바꼭질 한창인데

지는 해가 더 아름답다고
누가 그랬던가

빈 둥지

이 추운 날
하늘을 벗 삼은 지붕 아래
누가 두고 갔을까

머지않아
붉은 생명이 깨어날 텐데

덩그러니 놓인
버려진 아기

바람이 스며들어
잠시 안아주고 이내 떠난다

어미는
방랑의 세월에 떠밀려 떠났을까

아비도 떠나고
바람도 떠나고

작고 하얀 알 하나
텅 빈 집을 지키는
찾아오는 이 하나 없는
빈 둥지 속에
외로운 알 하나
바로
그 외로운 알이
나였음을

누구나 한 번쯤
따뜻한 집이
춥고 낯설게 느껴질 때가 있지 않은가

떠나는 마음

세상 한 귀퉁이에 서서
누구를 기다리는지
푸른 잎은 누렇게 바래고
거리에 뒹군다

찬바람 불어오면
옷깃을 여미고
마음을 꼭꼭 감추기도

아
이제 떠나면
다시 만날 수 있을까

숨 쉬고 살던 그 시간들
오직 당신을 위한
것이었음을

지나간 날들이
한순간인 것을
왜,
그때는 몰랐을까

한 생애의 끝을 바라보며

주마등처럼
스쳐 지나가는
지난날,
허리춤에 숨겨 두었던
꼬깃꼬깃한 이야기들이
하나둘 매듭이 풀리고

큰손자가 부르는 소리에
할배 눈가에 맺힌 하얀 이슬
그것이 이승에서의 마지막 눈물

언제나 마지막은
새로운 영혼의 세계를 알리는
시작의 신호라지만

너무도 빠르게 흘러가는
시계 초침의 무정함 속에
슬픔만 기웃거리겠지

반나절 뒤
한 줌의 재가 되어
흔적조차 찾을 수 없이
사라져 가고

영정 앞에 엎드린
오늘의 시간들
이제는 한 장의 사진으로만
우리 곁에 머물겠지

하늘에 걸린 울음소리

만났다 헤어짐은
언제나 아픔이라 했던가

서러움의 길 앞에 서서
동무하며 걸었던 지난날
이제는 미움도 사라지고
그리움만 가슴 가득 남아
떠날 줄을 모른다
어디서부터 무엇을 해야 할까

지루한 하루 속에 갇혀
헤어나지 못할 때
눈물이 봇물처럼 쏟아져
볼 위를 타고
바닥으로 떨어진다

그 눈물조차
받아낼 힘없는 날엔
울지 말아야지 다짐해 본다
아니다

울고 싶을 땐
그냥
아무 생각 말고
소리 질러 울어야겠다

하늘 꽃

하염없이 흐르는 눈물
두 손 모아 받아든다
떠난 님 그리운 이 밤

늘 함께하지 못함이
가슴 아리도록 아프고
그곳에선 아프지 말기를 바랄 뿐

꽃잎 속에 잠든 얼굴
내 눈 속에 들여놓고
아무도 모르게
혼자만 조금씩 꺼내어 본다

언젠가 나에게도

그날이 오면

예쁜 하늘 꽃 많이 피워놓고

기다려 주겠지

약속

지나가 버린 세월
결코 짧은 시간이 아니었음을
하루가 일 년처럼 길고
일 년은 눈 깜짝할 새였던 것을

떠난 지 겨우 닷새
눈앞에 서성이는 모습,
그리고 목소리…

좋은 기억만 남은 것도 아닌데
기억하기 싫은 일들은 떠오르지 않고
가슴이 저미는 건 왜일까

어차피 혼자 남게 될 삶
가슴속에 들이지 않겠노라
다짐했건만
울 일이 없을 줄 알았는데

세상을 버린 마지막을 보며
돌처럼 굳었던 내 마음은
봄날 녹아내리는 눈이 되었다

1월 초닷새
차가운 바닷물 아래 가라앉은
남편의 마디마디가 떠오르는 밤
춥다고 이불을 둘둘 말고 누운
내 자신이 밉기만 하다.

한쪽을 잃는다는 것

이토록 아픈 일이라는 걸

어제도 몰랐고

오늘 낮에도 몰랐다

어둠이 깊어 자정이 훌쩍 넘긴 시간

남편의 빈자리가

커다란 구멍이 나 있는 줄

이제야 알았다

보내야지

보내야겠지

어제까지만 울기로 약속했는데…

차이

긴 그림자와
짧은 그림자

긴
그림자 속에 파묻힌
짧은 그림자는
행복할까

돌아서면
스르르 사라지는
그 긴 그림자

의무로 지은 보금자리와
본능으로 지은 보금자리
그 차이는
무엇일까?

백일

이승에서 맺었던 인연
끊어진 지 백일이 되는
오늘
인천 앞바다 선상에 오른다

물 위에 떠있는
남편의 집 주소
부표 21번

'만나러 가는 길, 울지 않으리!'
굳게 마음먹고 갔지만

흘러내리는 눈물
손수건에 받아 들며
"나 왔소"
손을 흔들어 보아도 대답은 없다

왔다고 해도 온 줄을 아는가
간다고 해도 가는 줄을 아는가
바보 같은 영혼의 집 짓고
술 한 병 거뜬히 비웠는지
빈 병만 내 손에 매달려 있다

그만 울라는 건가
어서 가란 말인가
부두를 향해
포말 일으키며 달리는 배

얄밉도록 미운 사람
얄밉도록 그리움만 남긴 사람
얄밉도록 불쌍한 사람
얄밉도록 가슴 저민 사람

그림자와 나

어제 걷던 낙엽 쌓인 길
오늘도 그림자와 함께 나선다

너와 나의 힘겨움 속에
세상은 오늘도
편을 가르고
태평한 얼굴로 흘러만 간다

겉으론 평범해 보이지만
화려함에 취해
돌아가고 있다

아, 아쉽다
무엇부터 시작해야 할까

어쩌면 우린
이미 그림자 품에 안긴 채
시작된 것인지도 모른다

내 곁에서
묵묵히 지켜보는 삶의 그림자
여전히 힘겨운 노예가 되어 있다

남겨진 마음에게

수레바퀴처럼 돌고 도는 삶 속 어딘가에
조용히 머물러 있던 행복을 떠올려 보았다.

지나간 세월 속,
어느새 벼랑 끝에서
빛바랜 동공이 멈추지 않고
흘러가는 것을 느끼며

부모님이 앉으셨던 자리에 내가 앉아 있고
현재 속에 묻어 두었던 과거를
조심스럽게 꺼내어 보았다.

인생을 살면서 누구나 슬픔을 겪지만,
시간이 슬픔을 어루만져 준다는 것도
살아가며 배웠다.

하늘로 다시 돌아가야 했던
부모님, 형제들, 남편과
50년 지기 친구들을 놓아주지 못한 채
지난 시간, 내가 꽉 붙들고 있었다.

세 번째 시집
'수레바퀴 속 행복'을 준비하면서
그 집착 역시 사랑이었다는 것을 알게 되었다.

이 시들은 사랑이 떠난 자리
홀로 외로이 남겨진
내 마음을 달래는 작은 기도이자
나의 사랑들을
이제는 놓아주려는 작은 다짐이다.

　　　　　　　　　2025년 깊어 가는 가을날
　　　　　　　　　시인 禮潭 박정란

수레바퀴 속 행복

초 판 인 쇄	2025년 09월 18일
초 판 발 행	2025년 09월 19일
지 은 이	박 정 란
발 행 처	다담출판기획 TEL : 02)701-0680
	서울시 영등포구 영신로30길 14, 2층
편 집 인	박 종 규
등 록 일	2021년 9월 17일
등 록 번 호	제2021-000156호
I S B N	979-11-93838-55-6 03800
가 격	15,000원

본 책은 지은이의 지적재산이므로 무단전재와 복제를 금합니다.

*본 시집은 한국예술인복지재단의 창작지원금을 받아 출판하였습니다. 감사드립니다. 시인 박정란.